Diseños en la ciudad

Bela Davis

Abdo Kids Junior es una
subdivisión de Abdo Kids
abdobooks.com

Abdo
¡DISEÑOS DIVERTIDOS!
Kids

abdobooks.com

Published by Abdo Kids, a division of ABDO, P.O. Box 398166, Minneapolis, Minnesota 55439.
Copyright © 2019 by Abdo Consulting Group, Inc. International copyrights reserved in all countries.
No part of this book may be reproduced in any form without written permission from the publisher.
Abdo Kids Junior™ is a trademark and logo of Abdo Kids.

Printed in the United States of America, North Mankato, Minnesota.

102018
012019

THIS BOOK CONTAINS
RECYCLED MATERIALS

Spanish Translator: Maria Puchol

Photo Credits: iStock, Shutterstock

Production Contributors: Teddy Borth, Jennie Forsberg, Grace Hansen

Design Contributors: Christina Doffing, Candice Keimig, Dorothy Toth

Library of Congress Control Number: 2018953970
Publisher's Cataloging-in-Publication Data

Names: Davis, Bela, author.

Title: Diseños en la ciudad / by Bela Davis.

Other title: Patterns in the city

Description: Minneapolis, Minnesota : Abdo Kids, 2019 | Series: ¡Diseños
    divertidos! | Includes online resources and index.

Identifiers: ISBN 9781532183782 (lib. bdg.) | ISBN 9781641857208 (pbk.) | ISBN 9781532184864 (ebook)

Subjects: LCSH: Pattern perception--Juvenile literature. | Cities and towns--
    Juvenile literature. | Mathematics--Miscellanea--Juvenile literature. | Spanish
    language materials--Juvenile literature.

Classification: DDC 006.4--dc23

Contenido

Diseños en la ciudad

Hay diseños por todas partes.

¡Incluso en la ciudad!

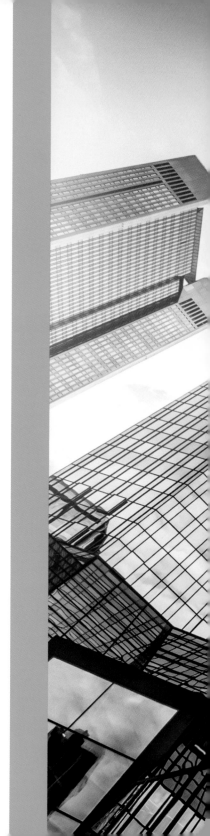

Un diseño con elementos repetidos en orden es un patrón. Los patrones pueden crearse de muchas cosas diferentes.

Algunos edificios tienen

escaleras de incendios.

Forman un patrón en **zigzag**.

9

Los cruces de peatones tienen rayas. Es un lugar seguro para cruzar la calle.

Las escaleras suben. Tienen un **patrón de tamaño**.

13

¡Los espectáculos con fuentes de agua son divertidos! Pueden mostrar patrones de colores.

15

Un puente puede tener **arcos**.

Éstos forman un patrón.

A Mia le gusta la ciudad.
Ella tiene puesta una
camisa **a cuadros**.

Mira a tu alrededor. ¿Qué ves?

Algunos tipos de patrones

patrón de colores

patrón de tamaño

patrón de objetos

patrón de formas

Glosario

a cuadros
que tiene un patrón de cuadrados
alternos de diferentes colores.

arco
forma curva y simétrica que ocupa
un espacio abierto.

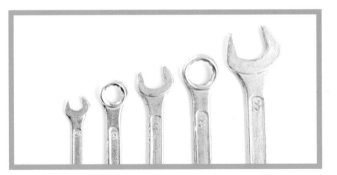

patrón de tamaño
diseño donde los objetos están
puestos en orden según lo grande
que sean.

zigzag
línea que va de lado a lado para
formar una serie de ángulos.

Índice

Abdo Kids
ONLINE
FREE! ONLINE MULTIMEDIA RESOURCES

¡Visita nuestra página abdokids.com
y usa este código para tener acceso
a juegos, manualidades, videos y
mucho más!

Código Abdo Kids:
PPK7986